BEI GRIN MACHT SICH IHR WISSEN BEZAHLT

- Wir veröffentlichen Ihre Hausarbeit,
  Bachelor- und Masterarbeit

- Ihr eigenes eBook und Buch -
  weltweit in allen wichtigen Shops

- Verdienen Sie an jedem Verkauf

Jetzt bei www.GRIN.com hochladen
und kostenlos publizieren

Bibliografische Information der Deutschen Nationalbibliothek:

Die Deutsche Bibliothek verzeichnet diese Publikation in der Deutschen National-
bibliografie; detaillierte bibliografische Daten sind im Internet über http://dnb.d-
nb.de/ abrufbar.

Dieses Werk sowie alle darin enthaltenen einzelnen Beiträge und Abbildungen
sind urheberrechtlich geschützt. Jede Verwertung, die nicht ausdrücklich vom
Urheberrechtsschutz zugelassen ist, bedarf der vorherigen Zustimmung des Verla-
ges. Das gilt insbesondere für Vervielfältigungen, Bearbeitungen, Übersetzungen,
Mikroverfilmungen, Auswertungen durch Datenbanken und für die Einspeicherung
und Verarbeitung in elektronische Systeme. Alle Rechte, auch die des auszugsweisen
Nachdrucks, der fotomechanischen Wiedergabe (einschließlich Mikrokopie) sowie
der Auswertung durch Datenbanken oder ähnliche Einrichtungen, vorbehalten.

Impressum:

Copyright © 2017 GRIN Verlag, Open Publishing GmbH
Druck und Bindung: Books on Demand GmbH, Norderstedt Germany
ISBN: 9783668505810

Dieses Buch bei GRIN:

http://www.grin.com/de/e-book/372181/zum-stand-der-harmonisierung-des-rech-
nungswesens

Marc Breckner

Zum Stand der Harmonisierung des Rechnungswesens

Eine kritische Würdigung

GRIN Verlag

GRIN - Your knowledge has value

Der GRIN Verlag publiziert seit 1998 wissenschaftliche Arbeiten von Studenten, Hochschullehrern und anderen Akademikern als eBook und gedrucktes Buch. Die Verlagswebsite www.grin.com ist die ideale Plattform zur Veröffentlichung von Hausarbeiten, Abschlussarbeiten, wissenschaftlichen Aufsätzen, Dissertationen und Fachbüchern.

Besuchen Sie uns im Internet:

http://www.grin.com/

http://www.facebook.com/grincom

http://www.twitter.com/grin_com

Zum Stand der Harmonisierung des Rechnungswesens – eine kritische Würdigung

Inhaltsverzeichnis

I

Abkürzungsverzeichnis

a.a.O	am angegebenen Ort
Abs.	Absatz
AG	Aktiengesellschaft
Aufl.	Auflage
BGB	Bürgerliches Gesetzbuch
BilMoG	Bilanzierungsmodernisierungsgesetz
bspw.	beispielsweise
bzw.	beziehungsweise
d. h.	das heißt
DM	Deutsche Mark
EG	Europäische Gemeinschaft
EU	Europäische Union
f.	folgende
ff.	fortfolgende
gem.	gemäß
GmbH	Gesellschaft mit beschränkter Haftung
GoB	Grundsätze ordnungsgemäßer Buchführung
grds.	Grundsätzlich
GuV	Gewinn- und Verlustrechnung
HGB	Handelsgesetzbuch
Hrsg.	Herausgeber
IAS	International Accounting Standards
IASB	International Accounting Standards Board
IFRS	International Financial Reporting Standards

i.S.d.	im Sinne der / des
i.V.m.	in Verbindung mit
Jg.	Jahrgang
Mio.	Millionen
MoMiG	Gesetz zur Modernisierung des GmbH-Rechts und zur Bekämpfung von Missbräuchen
Mrd.	Milliarden
PwC	PricewaterhouseCoopers
S.	Seite
Sec.	Section
SME	Small and medium-size enterprises
Sog.	sogenannte
RegE	Regierungsentwurf
RL	Richtlinie
u. a.	unter anderem
US-GAAP	Generally Accepted Accounting Principles der USA
Vgl.	Vergleiche

Abbildungsverzeichnis

1   Problemstellung

Im Zuge der Verordnung EG 1606/2002 vom 19. Juli 2002 sind kapitalmarktorientierte Unternehmen seit dem 01. Januar 2005 dazu verpflichtet, ihren Konzernabschluss nach den vom IASB verabschiedeten full IFRS aufzustellen.[1] Mit dem Bilanzrechtmodernisierungsgesetz hat der Gesetzgeber 2009 eine umfangreiche Reform des HGB umgesetzt, damit das deutsche Handelsrecht alternativ zu den IFRS angesehen wird. Dabei sollte das HGB eine den Unternehmen Kostenvorteile bringen sowie eine einfachere Anwendung. Noch im selben Jahr veröffentlichte der IASB den Standard IFRS for SME, welcher sich an nicht-kapitalmarktorientierte Unternehmen richtet. Diese erhalten dadurch ein deutlich vereinfachtes und auf ihre Bedürfnisse ausgerichtetes Rechnungslegungssystem.[2] Für die Ausschüttungsbemessung müssen indes alle deutschen Unternehmen weiterhin ihren Jahresabschluss nach HGB aufstellen. Es ist jedoch festzustellen, dass deutsche Unternehmen zunehmend auf internationalen Kapitalmärkten, an denen kostengünstigere Fremd- und Eigenkapitalfinanzierungsmöglichkeiten existieren, aktiv sind.[3] Für internationale Adressaten ist ein Jahresabschluss nach HGB nur schwer interpretier- und vergleichbar, weshalb Unternehmen u. a. zunehmend motiviert sein können, einen an die IFRS for SME stark angenäherten Jahresabschluss nach HGB aufzustellen.

Der handelsrechtliche Jahresabschluss verfolgt neben der Dokumentation als seinem primären Buchführungszweck sowohl den Rechenschafts- als auch Kapitalerhaltungszweck[4], wohingegen der IFRS-Abschluss vordergründig Informationen für die wirtschaftlichen Entscheidungen seiner Adressaten bereitstellen soll.[5] Diese unterschiedlich verfolgten Zwecke haben zur Folge, dass unterschiedliche Vorschriften, bspw. bei der Folgebewertung von Bilanzpositionen auf der Aktivseite, im HGB und in den IFRS gelten.

---

[1] Vgl. *Baetge, Jörg/Kirsch, Hans Jürgen/Thiele, Stefan*: Bilanzen. 13. Aufl., Düsseldorf, 2014, S. 69.
[2] Vgl. *PwC*: Bilanzieren nach IFRS, IFRS for SMEs und HGB. Die wichtigsten Unterschiede im Überblick, Frankfurt am Main 2011, S. 3 f.
[3] Vgl. *Bieg, Hartmut/Kußmaul, Heinz/Waschbusch, Gerd*: Externes Rechnungswesen. 6. Aufl., München 2012, S. 437 f.
[4] Vgl. *Baetge, Jörg/Kirsch, Hans Jürgen/Thiele, Stefan*: a.a.O., S. 100-108.
[5] Vgl. *Hoffmann, Wolf-Dieter/Lüdenbach, Norbert*: IAS/IFRS-Texte, 9. Aufl., S. 8.

Aufgrund zahlreich bestehender Wahlrechte und Ermessensspielräume im HGB können Unternehmen indes einen handelsrechtlichen Abschluss aufstellen, der überwiegend mit denen des IFRS for SME eines Einzelabschlusses harmoniert.[6] Welche Wahlrechte und Ermessenspielräume im HGB Unternehmen ausüben können, hängt davon ab, inwieweit die im HGB verankerten Grundsätze ordnungsmäßiger Buchführung dies zulassen.

Ziel dieser Arbeit soll es sein, zu untersuchen, ob es für Unternehmen möglich ist, einen Jahresabschluss nach HGB aufzustellen, der auf Konvergenz mit den IFRS-Vorschriften ausgerichtet ist, und welche Anreize an eine Annäherung die Unternehmen hierfür haben.

---

[6] Vgl. *Pellens, Bernhard*: Internationale Rechnungslegung, S. 461.

2 Die Grundlagen der Rechnungslegung nach HGB und IFRS for SME

2.1 Das handelsrechtliche Zweck- und GoB-System

Die deutsche Rechnungslegung hat sich über Hunderte von Jahren gebildet, wurde jedoch erst mit dem Allgemeinen Deutschen Handelsgesetzbuch von 1861 kodifiziert. Auf die Kodifizierung des ersten deutschen Handelsgesetzbuches wurde der Schwerpunkt auf den Gläubigerschutz gelegt. Der Kaufmann ist verpflichtet, Bücher zu führen, Handelsbriefe aufzubewahren, Jahresbilanzen aufzustellen und regelmäßig Inventuren durchzuführen. Zweck dieser Pflichten ist es, dass der Kaufmann, der seine wirtschaftlichen Verhältnisse kennt, weniger der Gefahr einer Insolvenz ausgesetzt ist. Dadurch sind Gläubiger besser geschützt, denn die Gefahr eines Forderungsausfalls lässt sich durch die Pflichten des Kaufmanns minimieren. Somit ist in der deutschen Rechnungslegung der Gläubigerschutz verstärkt vorzufinden.[7]

Die Grundsätze bezüglich des Gewinnanspruchs werden hauptsächlich von dem Gedanken den Gläubiger zu schützen und vom dem Vorsichtsprinzip getragen und sind dominierend[8] Aus dem Realisations- und Imparitätsprinzip bilden sich die Einzelprinzipien heraus, die den vordergründigen Zweck haben den ausschüttbaren Gewinn zu ermitteln durch Ansatz- und Bewertungsnormen im Sinne des HGB.[9] Der handelsrechtliche Jahresabschluss bezweckt bei Streitigkeiten, dass die Funktion zur Ausschüttungsbemessung vorrangig ist und durch Anhangangaben Informationsverzerrungen vermieden werden, aber auch die Informationsfunktion wird bezweckt.[10] Es gibt einige Normen, dazu gehören die Gliederungs- und Erläuterungsvorschriften, die Informationsgrundsätze ordnungsgemäßer Buchführung.[11] Diese stehen allerdings in keinem Konflikt zu den GoB mit Bezug zu dem Gewinnanspruch. Die Anhangangaben haben einen hohen Informationsstellenwert der

---

[7] *Wöhe, Günter/Mock, Sebastian*: Die Handels- und Steuerbilanz, 6. Auflage, München 2010, S. 45-46.

[8] Vgl. *Beisse, Heinrich*: Rechtsfragen der Gewinnung von GoB, in: Betriebswirtschaftliche Forschung und Praxis. 42 Jg. 1990, S. 501 f.

[9] Vgl. *Moxter, Adolf*: Zur wirtschaftlichen Betrachtungsweise im in: Steuer und Wirtschaft, 66. Jg., 19. Jg., 1989, S. 236 ; *Beisse, Heinrich*: Rechtsfragen der Gewinnung von GoB, in: Betriebswirtschaftliche Forschung und Praxis. 42 Jg. 1990, S. 507.

[10] Vgl. *Moxter, Adolf*: Zum Verhältnis von handelsrechtlichen Grundsätzen ordnungsmäßiger Bilanzierung und True-and-fair-view-Gebot bei Kapitalgesellschaften, in: Förschle, G. u. a. (Hrsg.), Rechenschaftslegung im Wandel. Festschrift für Wolfgang Dieter Budde, München 1995.

[11] Vgl. zu den Informations-GoB, *Moxter, Adolf*: Grundsätze ordnungsgemäßer Rechnungslegung, Düsseldorf, 2003 S. 223 ff.

den weniger aussagekräftigen Größen überlegen sind. Aus diesem Grund hat der Gesetzgeber den Stellenwert der Anhangangaben erhöht durch die BilMoG-Reform.[12]

Die Hauptfunktion der handelsrechtlichen GoB, die Ausschüttungsbemessungsfunktion, wurde in der Regierungsbegründung zum BilRUG bekräftigt: „Die Funktion des handelsrechtlichen Jahresabschlusses als Grundlage der Gewinnausschüttung und seine Maßgeblichkeit für die steuerliche Gewinnermittlung – die [...] Eckpfeiler der handelsrechtlichen Bilanzierungsvorschriften – bleiben gewahrt".[13]

Das BilMoG zielt darauf ab, dass Informationsniveau des handelsrechtlichen Jahresabschlusses zu erhöhen, damit wurden die Forderungen des Kapitalmarkts umgesetzt, die eine informationsorientierte Rechnungslegung und einen verbesserten Wettbewerb um Finanzierungen forderten.[14]

Daraufhin bildete sich eine Meinung in der Literatur, dass aus der vermeintlichen Stärkung der Informationsfunktion beabsichtigt ist, „der Gesetzgeber [verschiebe] mit dem BilMoG den Bilanzzweck von der Ausschüttungsbemessung zur Informationsbilanz".[15] Dieser Meinung in der Literatur kann nicht gefolgt werden, denn in der Regierungsbegründung wird klargestellt, dass die Stärkung der Informationsfunktion: „gleichwohl nicht in die Aufgabe der bisherigen handelsrechtlichen Bilanzierungsprinzipien und -grundsätze [mündet]"[16], sondern „[die bisher bestehenden handelsrechtlichen Grundsätze ordnungsmäßiger Buchführung [...] weiterhin gültig [bleiben]".[17] „Insbesondere behalten das Vorsichtsprinzip, das Realisationsprinzip und das Stichtagsprinzip ihre bisherige Bedeutung. Einige der im Gesetzentwurf enthaltenen Vorschriften werden lediglich punktuell anders gewichtet, d.h. die Informationsfunktion des handelsrechtlichen Jahresabschlusses wird insoweit

---

[12] Vgl. *Küting, Karlheinz / Boecker, Corinna*: Anhangangaben und Offenlegungserfordernisse, in: Küting, K. / Pfitzer, N./Weber, C.-P. (Hrsg.), Das neue deutsche Bilanzrecht, 2. Aufl., Stuttgart 2009, S. 553-582 ; *Zwirner, Christian*: Herausforderungen und Risiken der neuen Anhangberichterstattung nach BilMoG, in: Betriebs-Berater, 64. Jg. 2009, S. 2302-2306.
[13] RegE BilMoG: Gesetz der Bundesregierung – Entwurf eines Gesetzes zur Modernisierung des Bilanzrechts (Bilanzrechtsmodernisierungsgesetz – BilMoG), Drucksache 16/10067. S. 34
[14] Vgl. RegE BilMoG, a.a.O., S. 34.
[15] Vgl. *Hommel, Michael:* Rückstellungen für Abbruchverpflichtungen nach dem BilMoG, in: Seicht, G. (Hrsg.), Jahrbuch für Controlling und Rechnungswesen 2009, Wien 2009, S. 72.
[16] RegE BilMoG, a.a.O., S. 34.
[17] RegE BilMoG, a.a.O., S. 35.

stärker betont".[18] Zweifelsfrei lässt sich feststellen, dass der Gesetzgeber darauf abzielt die Informationsfunktion zu stärken durch abgeänderte Wertungsentscheidungen der bestehenden Fundamentalgrundsätze. Die Stärkung der Informationsfunktion führt aber nicht zu einer Änderung der „Rangordnung" der Bilanzzwecke.

Dies wird verdeutlicht in dem das Bundesverfassungsgericht feststellte, dass das Vorsichtsprinzip die „handelsrechtliche [...] Zielsetzung" sei[19], bestätigend wird dies im Regierungsentwurf festgestellt als „die handelsrechtliche Rechnungslegung dominierende [...] Prinzip".[20] Auch nach der Verabschiedung der BilMoG-Novelle muss der Vorrang der vorsichtigen Gewinnermittlung vor der Informationsfunktion bestehen können.[21]

Im Laufe der 90er Jahre des 20. Jahrhunderts trat durch die Internationalisierung des Kapitalmarktes die Problematik des Gläubigerschutzes auf, der Zweck der deutschen Rechnungslegung ist. So mussten deutsche Unternehmen aufgrund des eingeschränkten Informationsgehalts nach US-GAAP bilanzieren, um die Börsenzulassung am US-Kapitalmarkt zu erhalten. Als Beispiel lässt sich die Daimler-Benz AG nennen, die nach US-GAAP über einen Gewinn von 1,8 Mrd. DM und nach HGB einen Verlust in Höhe von 600 Mio. DM ausgewiesen hätte. Daraufhin reagierte der Gesetzgeber mit dem Kapitalaufnahmegesetz, das es deutschen Unternehmen ermöglicht den Konzernabschluss befreiend nach international anerkannten Rechnungslegungen aufzustellen.[22]

2.2 Zweck und qualitative Anforderung der Rechnungslegung nach IFRS for SME

Nach dem Umsetzen der Jahresabschlussrichtlinie der Mitgliedsstaaten der Europäischen Union wurde das Scheitern der Harmonisierungsstrategie der Rechnungslegung deutlich. Der Grund waren die unzureichenden Angleichungen als auch das geringe Ansehen auf internationalen Kapitalmärkten und innerhalb der EU-Mitgliedsstaaten. Vor dem

---

[18] RegE BilMoG, a.a.O., S. 34-35.
[19] Beschluss des BVerfG vom 12. Mai 2009.
[20] RegE BilMoG, a.a.O., S. 33.
[21] *Wüstemann, Jens/Wüstemann, Sonja*: Das System der Grundsätze ordnungsmäßiger Buchführung nach dem Bilanzrechtsmodernisierungsgesetz, in: Besteuerung, Rechnungslegung und Prüfung der Unternehmen, Festschrift für Professor Dr. Norbert Krawitz, Hrsg. v. H. Baumhoff et al., Wiesbaden 2010, S. 759.
[22] *Wöhe Günter/Mock, Sebastian*: Die Handels- und Steuerbilanz, a.a.O., S. 49.

Hintergrund der internationalen Entwicklung der Rechnungslegung wurde die Rechnungslegungsstrategie geändert, sodass man sich von dem eigenen durch Harmonie geschaffenen Bilanzrecht verabschiedete und einen Übergang zur internationalen Rechnungslegung einleitete.

Daraufhin übernahm die EU die IAS, das die Einflussnahme der Mitarbeit des IASB umfasste und die Anwendung der IFRS für Konzernabschlüsse von Unternehmen, die außerhalb der Gemeinschaft Kapital nachfragen. Dies geschah, da die EU-Mitgliedsstaaten nicht bereit waren, das gesamte Handelsbilanzrecht auf IFRS/IAS umzustellen, sodass bei einem innergemeinschaftlichen Bezug die Jahresabschlussrichtlinie weitergalt.[23]

Die Rechnungslegung ist zunächst nationales Recht und beschränkt bei der internationalen Anwendung. Zweck des internationalen Rechnungslegungszwecks ist es, dass Jahresabschlüsse unter einem weltweit einheitlichen Rechnungslegungsrecht vergleichbar sind. Die nationalen Regelungen haben trotz der Ähnlichkeiten kein Regelungskonzept darstellen können, welche die Vergleichbarkeit gewährleisteten. Das heutige IASB wurde auch zum Zweck gegründet, dass Rechnungslegungsnormen harmonisiert werden, ist allerdings ein privates Gremium, sodass die vom IASB entwickelten IAS/ IFRS keine gesetzlichen Regelungen darstellen. Die IAS/IFRS basieren auf nur zwei zentralen Annahmen, dem Periodisierungsprinzip und der Fortführungsprämisse. Der Zweck des HGB, der Gläubigerschutz, spielt im IAS/IFRS nur eine nebensächliche Rolle.

Der primäre Zweck der Rechnungslegung nach IAS/IFRS ist die Vermittlung entscheidungsrelevanter Informationen für die Adressaten. Zu den Adressaten der Rechnungslegung zählen unter anderem Investoren, Arbeitnehmer, Darlehensgeber, Lieferanten, Kunden, der Staat sowie die Öffentlichkeit, wobei kein Adressat vorrangig zu informieren ist. Dies ist im Vergleich zum HGB gegensätzlich, denn im HGB gilt eine Rangordnung von Rechnungslegungszielen und somit auch der Adressaten.[24] Des Weiteren gibt es eine Reihe von Modifikationen der Standards für die Aufstellung eines Konzernabschlusses oder, wie hier weiter erläutert, für SME. Die IFRS Standards for

---

[23] *Wöhe, Günter / Mock, Sebastian*: Die Handels- und Steuerbilanz, a.a.O., S. 49-50.
[24] *Wöhe, Günter / Mock, Sebastian*: Die Handels- und Steuerbilanz, a.a.O., S. 202-208.

SME finden Anwendung, wenn die Unternehmen als kleineres und mittleres Unternehmen definiert werden. Ein Unternehmen gilt als kleineres und mittleres Unternehmen und die IFRS Standards for SME finden dementsprechend Anwendung, wenn es keine öffentlichen Rechenschaftsverpflichtungen gibt und ein Interesse einer Veröffentlichung des Jahresabschlusses für externe Adressaten, wie (potenzielle) Kreditgeber, besteht. Eine öffentliche Rechenschaftsverpflichtung besteht dann, wenn das Unternehmen am Kapitalmarkt gehandelt wird oder, wenn Vermögen des Unternehmens wie bei einem Fond treuhänderisch gehalten wird. Das Ziel dieser modifizierten Standards für kleinere und mittlere Unternehmen ist es, Informationen über die Finanz-, Vermögens- und Ertragslage bereitzuhalten, die hilfreich bei der Entscheidungsfindung von unternehmerischen Tätigkeiten sind.[25]

Die Informationen die aus einem IFRS for SMEs-Abschluss vermittelt werden sind zwischenbetrieblich nicht vergleichbar mit einem full IFRS-Abschluss eines kapitalmarktorientieren Unternehmen. Aus diesem Grund hält der IASB einen speziellen Standard für nicht-kapitalmarktorientierte Unternehmen für notwendig, da die full IFRS vornehmlich geschaffen wurden, damit anonyme Eigenkapitalinvestoren von kapitalmarktorientierter Unternehmen informiert werden. Wohingegen die Rechnungslegung von nicht-kapitalmarktorientierter Unternehmen an deren Adressaten adressiert ist, die viele der Informationen die durch das full IFRS entsteht nicht benötigen. Eine Anwendung der full IFRS von nicht kapitalmarktorientierter Unternehmen würde zu unverhältnismäßig hohen Kosten führen, der kein entsprechender Nutzen der Rechnungslegungsadressaten gegenübersteht. Daraus folgt, dass die Neuerugnen der Standards für kleinere und mittlere Unternehmen den gleichen Zweck wie die full IFRS haben, denn die Neuerungen bauen auf full IFRS auf und wurden an die spezifischen Bedürfnisse der Anwender und Adressaten angepasst.[26]

---

[25] Vgl. Sec. 1 der IFRS for SME
[26] *Bremdt, Tobias*: Möglichkeiten einer internationalisierten Rechnungslegung für deutsche nicht-kapitalmarktorientierte Unternehmen, Düsseldorf, 2010 S. 3-4.

3 Harmonisierungsstrategien De lege lata

3.1 Überblick bisheriger Forschungsergebnisse zum Dualitätspotenzial der Rechnungslegung nach HGB und IFRS for SME

Das Dualitätspotenzial des HGB für die IFRS for SMEs setzt sich aus Bilanzierungsregeln des HGB und aus Bilanzierungsregeln des HGB und des IFRS for SMEs zusammen, wodurch Sachverhalte nach HGB und IFRS for SMEs unabdingbar abzubilden sind und bilanzpolitische Instrumente umfassen, wodurch Sachverhalte in beiden Rechnungslegungssystemen (IFRS und HGB) konform nach HGB abgebildet werden dürfen, sog. Nutzbares Dualitätspotenzial. Zu den bilanzpolitischen Instrumenten gehören die expliziten und die faktischen Bilanzierungs- und Bewertungswahlrechte. Faktische Bilanzierungs- und Bewertungswahlrechte ergeben sich durch die Auslegung der Rechnungslegungsregeln und dabei Ermessensspielräume sich ergeben. Um das Dualitätspotenzial des HGB zu bestimmen müssen die Bilanzierungsregeln des HGB und des IFRS for SMEs und die jeweiligen immanenten bilanzpolitischen Instrumente als Vergleich gegenübergestellt werden.[27] Der Gesetzgeber und die Ersteller der Standards haben die Internationalisierung nicht-kapitalmarktorientierter Unternehmen aufgegriffen dementsprechend die Rechnungslegung auf nationaler und internationaler Ebene angepasst. Die Anpassung erfolgte im Jahr 2009 als der deutsche Gesetzgeber das Handelsgesetzbuch modernisierte und der IASB einen eigenständigen International Financial Reporting Standard für IFRS for SMEs einführte. Durch die weitgehende Modernisierung des deutschen Handelsgesetzbuches durch BilMoG in 2009 wurde die Rechnungslegung nicht kapitalmarktorientierter Unternehmen reformiert. Ziel des Gesetzgebers mit BilMoG war es unter anderem, die Aussagekraft von HGB-Abschlüssen zu erhöhen, sodass HGB-Abschlüsse für nicht-kapitalmarktorientierte Unternehmen eine kostengünstige Alternative zu den International Reporting Standards werden. Der Hintergrund der Anpassung ist auch, dass die full IFRS, die in der EU seit 2005 im Konzernabschluss kapitalmarktorientierter Unternehmen anzuwenden sind, nicht von nicht-kapitalmarktorientierter Unternehmen aufgrund der Komplexität adäquat angewendet werden können. Der IASB, der die full IFRS beschließt, war der Meinung, dass die full IFRS für die Anwendung von nicht-kapitalmarktorientierter Unternehmen als

---

[27] *Bremdt, Tobias*: Möglichkeiten einer internationalisierten Rechnungslegung für deutsche nicht-kapitalmarktorientierte Unternehmen, a.a.O., S. 11-12.

unangemessen betrachtet und daraufhin 2009 Standards für IFRS for SMEs verabschiedet. Die IFRS for SMEs wurden auf der Grundlage der full IFRS entwickelt, aber dementsprechend den Anforderungen an die Rechnungslegung nicht-kapitalmarktorientierter Unternehmen angepasst, durch eine vereinfachte Bilanzierungs-, Bewertungs- und Ausweisregeln.[28]

Bilanzierung und Bewertung	IFRS for SME	HGB
Selbst erstellte immaterielle Vermögenswerte	Der Ansatz ist nicht möglich	Ein Wahlrecht besteht unter bestimmten Voraussetzungen i.S.d. § 248 Abs. 2 S. 2 HGB
Immaterielle Vermögenswerte	Bei Erstbewertung werden die Anschaffungskosten und bei Folgebewertung werden die Anschaffungskosten herangezogen	Bei der Erstbewertung ist es an IFRS angelehnt ; bei Folgebewertung erfolgt die Bewertung nach den fortgeführten Anschaffungskosten
Aktivierung von Fremdkapitalkosten	Sofort aufwandswirksam	Es besteht ein Wahlrecht, ob Finanzierung der Herstellung dient oder nach § 255 Abs. 3 HGB es sich um einen Zeitraum der Herstellung bezieht
Fertigungsaufträge	Teilgewinnrealisierung ist mit Leistungsfortschrittsmethode zulässig, wenn Ergebnis schätzbar ist	Ebenfalls zulässig aber unter strengen Voraussetzungen

Abb. 1: Gegenüberstellung von wahlweisen Bewertungs- und Ansatzvorschriften nach IFRS for SME und HGB[29]

---

[28] *Bremdt, Tobias*: Möglichkeiten einer internationalisierten Rechnungslegung für deutsche nicht-kapitalmarktorientierte Unternehmen, a.a.O., S. 2-8.
[29] Vgl. *PwC*: Bilanzieren nach IFRS, IFRS for SMEs und HGB. Die wichtigsten Unterschiede im Überblick, a.a.O., S. 7-16 f.

4 Dualitätspotenzial bei langfristigen Fertigungsaufträgen in der Rechnungslegung

4.1 Dualitätspotenzial beim Ansatz

Ein Fertigungsauftrag ist die auftragsbezogene Herstellung eines Vermögensgegenstands bzw. –werts, dies basiert auf zivilrechtlichen Werkverträgen.[30] [31]Bei Werkverträgen schuldet der Auftragnehmer, den vereinbarten „Erfolg" also das Werk, herzustellen.[32] Die Preisgefahr liegt bei einem Werkvertrag grds. bei dem Auftraggeber, bei Abnahme des Werks.[33] Ist während der Herstellung des Werks ein Bilanzstichtag, ist ein Fertigungsauftrag ein periodenübergreifender Fertigungsauftrag.[34] Dies wird im HGB nicht explizit geregelt, wie Umsätze und Gewinne die aus Fertigungsaufträgen entstehen zu realisieren sind. Daher muss das im HGB geltende Realisationsprinzip ausgelegt werden. Bei Fertigungsaufträgen dürfen Umsatzerlöse erst realisiert werden, bei Abnahme des Werks, sog. completed-contract-Methode. Dies ist der Zeitpunkt, der gesetzlich vorgeschrieben wird, an dem das erstellte Werk abgerechnet wird und die Preisgefahr auf den Auftraggeber übergeht.[35] [36]

In den IFRS for SMEs ist geregelt, wie Fertigungsaufträge, sog. construction contracts, während der Herstellung des Werks zu bilanzieren sind.[37] Demnach müssen Umsatzerlöse und Gewinne die durch einen Fertigungsauftrag mittels der percentage-of-completion-Methode realisiert werden, vorausgesetzt das finanzielle Ergebnis, sowie der Fertigstellungsgrad können für den Fertigungsauftrag jeweils verlässlich geschätzt werden.[38] Bei der percentage-of-completion-Methode werden die geschätzten gesamten Erlöse und Aufwendungen mit dem Fertigungsauftrag auf Grundlage des geschätzten Fertigstellungsgrads des Werks realisiert. Die Gewinne eines Fertigungsauftrags werden

---

30 gem. § 631 BGB
[30] gem. § 631 BGB
[31] Vgl. *Pilhofer, Jochen*: Umsatz- und Gewinnrealisierung, Herne u. a. 2002, S. 167 + 186 f. ; Baetge, Jörg/ *Kirsch, Hans Jürgen/Thiele, Stefan*: Bilanzen, 10. Aufl., Düsseldorf 2009, S. 361; *Krawitz, Norbert*: Langfristige Auftragsfertigung, in: DStR 1997, S. 886+888.
[32] gem. § 631 Abs. 1 BGB
[33] i.S.d. § 644 Abs. 1 BGB
[34] Vgl. *Baetge, Jörg/ Kirsch, Hans Jürgen/Thiele, Stefan* Bilanzen, 10. Aufl., Düsseldorf 2009, S. 361 ; vgl. *Pilhofer, Jochen*: Umsatz- und Gewinnrealisierung, Herne u. a. 2002, S. 186 und 191.
[35] i.S.d. § 644 Abs. 1 BGB
[36] Vgl. Baetge, Jörg/ *Kirsch, Hans Jürgen/Thiele, Stefan*: Bilanzen, 10. Aufl., Düsseldorf 2009 S. 361; *Krawitz, Norbert*: Langfristige Auftragsfertigung, in: DStR 1997, S. 888.
[37] Vgl. Sec. 23.17 der IFRS for SME
[38] Vgl. Sec. Sec. 23.17 der IFRS for SME

folglich nach IFRS for SMEs kontinuierlich akkumuliert.[39] Können bei einem Fertigungsauftrag das finanzielle Ergebnis oder der Fertigstellungsgrad nicht verlässlich geschätzt werden, ist die percentage-of-completion-Methode in einer abgewandelten Form anzuwenden.[40] Während der Herstellung des Werks sind Auftragserlöse in der Höhe der entstandenen Auftragsaufwendungen zu realisieren. Dies bewirkt, dass zwar Auftragserlöse, aber keine Auftragsgewinne, anteilig realisiert werden.[41] Nach IFRS for SMEs ist es nicht zulässig, die completed-contract-Methode anzuwenden, des Weiteren ist nach HGB, aufgrund des dort angewandten Realisationsprinzips, die percentage-of-completion-Methode nicht anzuwenden und es nach IFRS for SMEs nicht akzeptabel ist, die completed-contract-Methode anzuwenden. Daraus folgt, dass durch einen HGB-Abschluss bei periodenübergreifenden Fertigungsaufträgen gegen die diesbezüglichen Regeln des IFRS for SMEs verstoßen wird.[42] Im HGB-Abschluss könnte zur Annäherung der Bilanzierung periodenübergreifender Fertigungsaufträge durch bilanzpolitische Instrumente möglichst weit an einen Abschluss nach IFRS for SMEs in dem der Unterschied zur Darstellung der wirtschaftlichen Lage nach IFRS for SMEs verringert wird durch Anwendung der completed-contract-Methode die vollen Selbstkosten aktiviert würden. So könnte indes lediglich das Ergebnis der abgewandelten percentage-of-completion-Methode erreicht werden und es ist zumindest fraglich, ob die Anwendungsvoraussetzungen des IFRS for SMEs für die percentage-of-completion-Methode so restriktiv ausgelegt werden kann, dass es akzeptabel ist, diese regelmäßig als nicht erfüllt zu beurteilen.[43] Überdies dürfen im HGB-Abschluss, trotz ansatzpflichtiger Sondereinzelkosten der Fertigung, die vollen Selbstkosten eines Fertigungsauftrags nicht aktiviert werden.[44] Folglich kann durch die im HGB-Abschluss höchstens zulässige Aktivierung von Herstellungskosten das Ergebnis der nach IFRS for SMEs nur ausnahmsweise zulässige abgewandelte Percentage-of-completion-Methode sich lediglich unvollständig annähern.

---

[39] Vgl. *Krawitz, Norbert*: Langfristige Auftragsfertigung, in: DStR 1997, S. 891.
[40] Vgl. Sec. Sec. 23.25 der IFRS for SME
[41] Vgl. *Pilhofer, Jochen*: Umsatz- und Gewinnrealisierung, Herne u. a. 2002, S. 203.
[42] Vgl. *Kirsch, Hanno*: "IFRS for SMEs" versus BilMoG, in: PiR 2010, S. 4.
[43] Vgl. *Pilhofer, Jochen*., Umsatz- und Gewinnrealisierung, Herne u. a. 2002, S. 204.
[44] Vgl. § 255 Abs. 2 Satz 2 HGB

4.1.1 Dualitätspotenzial bei der Bewertung

Beim HGB-Abschluss darf sich bei Fertigungsaufträgen durch Realisation von Erträgen aus Teilleistungen an einen Abschluss nach IFRS for SMEs angenähert werden, soweit eine Abnahme für die Teilleistungen vertraglich vorgesehen ist. Neben der vertraglichen Vereinbarung ist für die Ertragsrealisation im HGB-Abschluss jeweils eine Abnahme der Teilleistung durch den Auftraggeber erforderlich.[45] Weiterhin darf der Auftragnehmer kein Gesamtfunktionsrisiko des Werks haben.

Verträge, bei denen die Teilleistungen diese strengen Anforderungen erfüllen, ähneln zu erfüllenden Kaufverträgen. Bei Fertigungsaufträgen bestehen nur selten Teilleistungen, aufgrund ihrer komplexen Natur, die die strengen Anforderungen für eine Teilgewinnrealisation nach HGB erfüllen.[46] Bei separat abrechenbaren Teilleistungen werden die Auftragserlöse in „Sprüngen" und nicht, wie bei der percentage-of-completion-Methode, kontinuierlich realisiert. Dies ist der Grund warum nach HGB Fertigungsaufträge, bei denen ausnahmsweise Teilleistungen abgerechnet werden dürfen, bilanziell nicht vollständig übereinstimmend mit der percentage-of-completion-Methode abgebildet werden. Daraus folgt, dass die Ertragsrealisation bei Fertigungsaufträgen nach HGB nur ausnahmsweise und dann lediglich unvollständig an diejenige nach IFRS for SMEs angenähert werden kann.

Bei nicht periodenübergreifenden Fertigungsaufträgen wird durch die Verwendung der (abgewandelten) percentage-of-completion-Methode und die completed-contract-Methode die wirtschaftliche Lage des bilanzierenden Unternehmens am Ende der Rechnungslegungsperiode identisch dargestellt[47], denn die bilanziellen Auswirkungen der unterschiedlichen Methoden haben sich mit Abschluss des Fertigungsauftrags vor dem Bilanzstichtag ausgeglichen. Es ist zu beachten, dass erstens immer ein Teil der Fertigungsaufträge auch über den Bilanzstichtag hinaus noch nicht fertiggestellt sind und dass zweitens in einem HGB-Abschluss, trotz der gleichen bilanziellen Abbildung zum Bilanzstichtag, die percentage-of-completion-Methode in einem dualen handelsrechtlichen Abschluss oder einem an den IFRS for SMEs angenäherten HGB-

---

[45] Vgl. *Krawitz, Norbert:*, Langfristige Auftragsfertigung, in: DStR 1997, S. 890 ; *Pilhofer, Jochen:* Umsatz- und Gewinnrealisierung, Herne u. a. 2002, S. 194.
[46] Vgl. *Krawitz, Norbert:*, Langfristige Auftragsfertigung, in: DStR 1997 S. 892.
[47] Vgl. *Pilhofer, Jochen:* Umsatz- und Gewinnrealisierung, Herne u. a. 2002, S. 194.

Abschluss nicht angewendet werden darf, da dies nicht den GoB entspricht. Vielmehr ist die im HGB zulässige completed-contract-Methode anzuwenden, deren Ergebnisse zugleich konform mit dem IFRS for SMEs sind.[48] Das gilt auch für Zwischenabschlüsse.

Zusammenfassend kann feststellen werden, dass die aus periodenübergreifenden Fertigungsaufträgen resultierenden Erträge (und Aufwendungen) nach HGB mit der completed-contract-Methode zu realisieren sind, obwohl durch deren Anwendung gegen die entsprechenden Regeln des IFRS for SMEs verstoßen wird. Durch bestehende Ermessensspielräume des IFRS for SMEs hinsichtlich der Anwendungsvoraussetzungen der percentage-of-completion-Methode und durch die Vereinbarung von abrechnungsfähigen Teilleistungen darf der HGB-Abschluss nur in sehr seltenen Fällen und dann lediglich unvollständig an einen Abschluss nach IFRS for SMEs angenähert werden. Daher dürfen in einem HGB-konformen Abschluss zusätzliche freiwillige Anhangangaben an die Adressaten gegeben werden über die Informationen über nach den Regeln des IFRS for SMEs mittels der percentage-of-completion-Methode abzubildende periodenübergreifende Fertigungsaufträge. Das bilanzierende Unternehmen sollte im Anhang des HGB-Abschlusses berichten, in welcher Höhe Leistungen aus periodenübergreifenden Fertigungsaufträgen nicht abgerechnet wurden und welche Zwischenverluste daraus in der GuV resultieren.[49] Identisch nach HGB und nach IFRS for SMEs werden nur Fertigungsaufträge, die im Geschäftsjahr abgewickelt und die im Vorjahresabschluss noch nicht nach der percentage-of-completion-Methode bilanziert worden. Das gleiche Ergebnis bezüglich des Dualitätspotenzials ergibt sich für sonstige Werkverträge (d. h. keine Fertigungsaufträge), denn sie sind darauf gerichtet, zivilrechtlich – wie auch Fertigungsaufträge – das vollendete Werk zu liefern.[50] Nimmt der Auftragnehmer das Werk ab, geht die Preisgefahr auf ihn über, allerdings geht mangels möglicher oder üblicher Abnahme bei sonstigen Werkverträgen die Preisgefahr häufig bei Vollendung des Werks über.[51] Damit ist im HGB-Abschluss eine Umsatzrealisation erst bei Vollendung des Werks (oder bei Abnahme), wie bei Fertigungsaufträgen, entsprechend der completed-contract-Methode zulässig.

---

[48] Vgl. *Pilhofer, Jochen*: Umsatz- und Gewinnrealisierung, Herne u. a. 2002, S. 194.
[49] Vgl. *Krawitz, Norbert*, Langfristige Auftragsfertigung, in: DStR 1997, S. 890.
[50] i.S.d. § 644 Abs. 1 BGB
[51] gem. § 646 BGB

Anders ist es bei IFRS for SMEs sodass bei sonstigen Werkverträgen die daraus resultierenden Erträge analog zu den Regeln des IFRS for SMEs für Fertigungsaufträge mittels der percentage-of-completion-Methode zu realisieren sind.[52] Anders ist das Dualitätspotenzial bei Dienstverträgen zu beurteilen. Man unterscheidet bei Dienstverträgen, die eine Einmalleistung und solche, die einen Rahmen für laufende (Teil-)Dienstleistungen bilden. Für Dienstverträge, die eine Einmalleistung vorsehen, ist das Dualitätspotenzial analog zu den Werkverträgen zu beurteilen.[53] Bei Dienstverträgen mit laufenden (Teil-)Dienstleistungen wird zivilrechtlich nur die Tätigkeit als solche geschuldet,[54] sodass die Gegenleistung dann fällig wird, wenn eine (Teil-)Dienstleistung bewirkt ist. Nach dem Realisationsprinzip des HGB dürfen aus Dienstverträgen mit laufenden (Teil-)Dienstleistungen Erträge realisiert werden, wenn eine (Teil-)Dienstleistung erbracht wurde bspw. eine einzelne Wartung im Rahmen eines langfristigen Wartungsvertrags oder bei Leistungen, die gleichmäßig über einen bestimmten Zeitraum erbracht werden bspw. die Veranstaltung von Steuerberaterkursen, pro rata temporis. Bei den IFRS for SMEs ist es bei Dienstverträgen, nach denen die vereinbarte Leistung gleichmäßig über einen bestimmten Zeitraum erbracht wird, zulässig, Erträge wie im HGB-Abschluss pro rata temporis zu realisieren. Dienstverträge, die den Rahmen für einzelne (Teil-)Dienstleistungen bilden, sind Erträge nach IFRS for SMEs mittels der percentage-of-completion-Methode zu realisieren.[55] Dieser Regel des IFRS for SMEs wird durch die nach HGB anzuwendende Realisierung von Erträgen für die im Rahmen von Dienstverträgen erbrachten (Teil-)Dienstleistungen entsprochen.[56] Es bestehen somit für Dienstverträge unterschiedliche Ergebnisse bezüglich des Dualitätspotenzials, je nach Leistungsvereinbarung, ob eine Einmalleistung oder laufende Leistungen vereinbart wurde. Bei Dienstverträgen bei der eine einmalige Leistung vereinbart wurde werden im HGB-Abschluss analog zu den Ergebnissen für Fertigungsaufträge entsprechend den IFRS for SMEs bilanziert, wenn diese nicht periodenübergreifend sind.

---

[52] Vgl. Sec. Sec. 23.14-23.16 i.V.m. Sec. 23.21-23.27 der IFRS for SME
[53] Vgl. *Pilhofer, Jochen*: Umsatz- und Gewinnrealisierung, Herne u. a. 2002, S. 205.
[54] gem. § 611 Abs. 1 BGB
[55] Vgl. Sec. 23.14-23.16 IFRS for SME
[56] Vgl. *Pilhofer, Jochen*: Umsatz- und Gewinnrealisierung, Herne u. a. 2002, S. 208.

Bei Dienstverträgen, die den Rahmen für einzelne (Teil-)Dienstleistungen bilden, ist der Umsatz im HGB-Abschluss so zu realisieren, dass den Regeln des IFRS for SMEs entsprechen.[57]

4.1.2 Dualitätspotenzial in den Anhangangaben

Ob ein Unternehmen, das seinen HGB-Abschluss an den IFRS for SMEs annähern will, im Anhang über die Vorschriften des HGB hinausgehend nach IFRS for SMEs über die Umsatz- und Gewinnrealisation berichten muss, wird in diesem Abschnitt untersucht. Dazu werden die Anhangangabepflichten des IFRS for SMEs zur Umsatz- und Gewinnrealisation sowie zu periodenübergreifenden Fertigungsaufträgen dargestellt und in Klammern wird jeweils – soweit vorhanden – die Vorschrift angefügt, nach der im HGB-Anhang entsprechend zu berichten ist. Zur allgemeinen Umsatz- und Gewinnrealisation muss das bilanzierende Unternehmen[58] die angewendeten Bilanzierungs- und Bewertungsmethoden angeben und quantifizieren[59], welchen Betrag es in der Berichtsperiode für jede wesentliche Art von Erträgen einschließlich der Erlöse aus dem Verkauf von Gütern, der Erbringung von Dienstleistungen, Zinsen, Lizenzgebühren, Dividenden und Provisionen realisiert hat. In der GuV sind Erträge aus Beteiligungen sowie Zinsen und sonstige Erträge gesondert anzugeben[60]; die Umsatzerlöse und die sonstigen betrieblichen Erträge brauchen indes nicht untergliedert zu werden. Zu periodenübergreifenden Fertigungsaufträgen muss das bilanzierende Unternehmen angeben[61], welchen Betrag es in der Berichtsperiode an Auftragserlösen realisiert hat und nach welcher Methode es diesen Betrag bestimmt hat und den Betrag der Fertigungsaufträge mit aktivischem und passivischem Saldo angeben.[62] Kapitalgesellschaften müssen in ihrem HGB-Anhang, wenn dieser zugleich mit den Anhangangaben des IFRS for SMEs konform sein soll, die ausgewiesenen Umsatzerlöse und sonstigen betrieblichen Erträge freiwillig nach der Art der Erträge über die Vorschriften des HGB hinaus untergliedern. Die Anhangangaben des IFRS for SMEs zu periodenübergreifenden Fertigungsaufträgen beziehen sich auf die Anwendung der

---

[57] Vgl. *Bremdt, Tobias*: Möglichkeiten einer internationalisierten Rechnungslegung für deutsche nicht-kapitalmarktorientierte Unternehmen, a.a.O., S. 163-169.
[58] Vgl. Sec. 23.30 a IFRS for SME
[59] i.S.d. § 284 Abs. 2 Nr. 1 HGB und vgl. Sec. 23.30 b IFRS for SME
[60] gem. § 275 Abs. 2 und 3 HGB
[61] Vgl. Sec. 23.31 IFRS for SME
[62] Vgl. Sec. 23.32 IFRS for SME

(abgewandelten) percentage-of-completion-Methode und die damit zusammenhängende Teilgewinnrealisation. Da nach HGB grds. keine Teilgewinne realisiert werden dürfen, können die oben unter und genannten Anhangangaben in einem HGB-konformen Abschluss nicht sinnvoll erfüllt werden. Stattdessen sollte ein nach HGB bilanzierendes Unternehmen, das anstrebt, einen an den IFRS for SMEs angenäherten HGB-Abschluss aufzustellen, zu periodenübergreifenden Fertigungsaufträgen freiwillig angeben, in welcher Höhe Leistungen aus periodenübergreifenden Fertigungsaufträgen nicht abgerechnet wurden und welche Zwischenverluste daraus in der GuV resultieren. Wird die Ertragslage durch Anwendung der completed-contract-Methode verzerrt dargestellt, muss das bilanzierende Unternehmen diese empfohlenen zusätzlichen Anhangangaben verpflichtend erfüllen.[63] Fallen Nicht-Kapitalgesellschaften nicht unter das PublG, dann muss kein Anhang erstellt werden, allerdings, wenn sich ihren HGB-Abschluss an den IFRS for SMEs annähern wollen, dann sollte freiwillig ein Anhang erstellt werden und die allgemeinen Pflichten zur Anhangangaben nach IFRS for SMEs zur Umsatz- und Gewinnrealisation erfüllen. Des Weiteren sollte über die periodenübergreifenden Auftragsfertigungen freiwillig im Anhang berichtet werden.[64]

4.2 Kritische Würdigung

4.2.1 Vorteile der Nutzung des Dualitätspotenzials

Mit der Reformierung des HGB durch BilMoG reagierte der Gesetzgeber, um die Aussagekraft von HGB-Abschlüssen zu erhöhen, damit HGB-Abschlüsse für nicht-kapitalorientierte Unternehmen eine kostengünstige Alternative zu den International Financial Reporting Standards werden. Der Hintergrund der Anpassung ist auch, dass die full IFRS, die in der EU seit 2005 im Konzernabschluss kapitalmarktorientierter Unternehmen anzuwenden sind, nicht von nicht-kapitalmarktorientierter Unternehmen aufgrund der Komplexität adäquat angewendet werden können. Der IASB, der die full IFRS beschließt, war der Meinung, dass die full IFRS für die Anwendung von nicht-kapitalmarktorientierter Unternehmen als unangemessen betrachtet und daraufhin 2009 Standards für IFRS for SMEs verabschiedet.[65] Somit lassen sich Vereinfachungs- und

---

[63] Vgl. § 264 Abs. 2 Satz 2 HGB
[64] Vgl. *Bremdt, Tobias*: Möglichkeiten einer internationalisierten Rechnungslegung für deutsche nicht-kapitalmarktorientierte Unternehmen, a.a.O., S. 169-171.
[65] *Bremdt, Tobias*: Möglichkeiten einer internationalisierten Rechnungslegung für deutsche nicht-kapitalmarktorientierte Unternehmen, a.a.O., S. 2-8.

Kostenersparnisse als Vorteile nennen. Auch besteht eine Vergleichbarkeit der Abschlüsse, wenn diese HGB-konform aufgebaut sind, sodass sich HGB- und IFRS-Abschlüsse annähern.

4.2.2 Nachteile der Nutzung des Dualitätspotenzials

Aufgrund, dass die Sachverhalte nach HGB und IFRS for SMEs zwingend identisch abzubilden sind (zwingendes Dualitätspotenzial) und die Bilanzierungsregeln des HGB und des IFRS for SMEs umfassend die bilanzpolitische Instrumente und die Sachverhalte in beiden Rechnungslegungssystemen identisch abgebildet werden dürfen, dann kann dies dazu führen, dass der Abschluss auf internationaler Ebene nicht vergleichbar ist. Zu den bilanzpolitischen Instrumenten zählen sowohl explizite als auch faktische Bilanzierungs- und Bewertungswahlrechte. Faktische Bilanzierungs- und Bewertungswahlrechte resultieren daraus, dass Rechnungslegungsregeln auszulegen sind und dabei Ermessensspielräume bestehen, was zu einer Rechtsunsicherheit bei dem Anwender der Rechnungslegung führen kann. Damit das Dualitätspotenzial des HGB bestimmt werden kann, sind die Bilanzierungsregeln des HGB und des IFRS for SMEs und die ihnen jeweils immanenten bilanzpolitischen Instrumente für sämtliche Bilanzierungssachverhalte vergleichend gegenüberzustellen.[66] Dies verfehlt den Zweck des IASB, der die internationale Vergleichbarkeit der Informationen vordergründig betrachtet, was den Adressaten bei der Entscheidungsfindung behindern kann. Auch lassen sich Rückschlüsse ziehen, dass trotz des BilMoG`s das HGB nicht an die IFRS for SME harmonisiert wurde. Ein Grund dafür sind die unterschiedlichen Interessen der Rechnungslegungsvorschriften, während bei dem HGB der Gläubigerschutz dominiert[67], sind die Informationen für den Investor vorrangig.[68]

4.2.3 Veranschaulichung am Beispiel langfristigen Fertigungsaufträgen

Grundsätzlich ist der Ansatz bei langfristigen Fertigungsaufträgen in den Standards geregelt. Nach HGB ist das Realisationsprinzip anwendbar. Dies führt allerdings dazu, dass der Fertigungsauftrag nur dann angesetzt wird, wenn dieser auch fertiggestellt und

---

[66] *Bremdt, Tobias*: Möglichkeiten einer internationalisierten Rechnungslegung für deutsche nicht-kapitalmarktorientierte Unternehmen, a.a.O., S. 11-12.
[67] Vgl. *Moxter, Adolf*: Zur wirtschaftlichen Betrachtungsweise im in: Steuer und Wirtschaft, 66. Jg., 19. Jg., 1989, S. 236.
[68] *Wöhe, Günter / Mock, Sebastian*: Die Handels- und Steuerbilanz, a.a.O., S. 202-208.

abgenommen wurde. Hingeben erfolgt nach IFRS der Ansatz nach dem Fertigungsgrad des Auftrags, sodass der fair value angesetzt wird. Bei der sogenannten percentage-of-completion-Methode nach IFRS werden die geschätzten gesamten Erlöse und Aufwendungen im Zusammenhang mit dem Fertigungsauftrag anhand des (ebenfalls geschätzten) Fertigstellungsgrads des Werks realisiert. Der Vorteil dabei ist, dass die Investoren mehr Informationen erhalten und der tatsächliche Wert bilanziert wird. Nachteilig hingegen ist, dass der Auftrag, der noch nicht abgeschlossen ist, und der Gefahrübergang des Fertigungsauftrags dennoch bilanziert werden, wenn noch keine vollständigen Werte geschaffenen ist. Als Beispiel lässt sich ein unfertiges Kreuzfahrtschiff nennen. Da es noch nicht fertig ist, kann es für die Reederei keinen Nutzen erzielen.

5   Harmonisierungsstrategien De lege ferenda

5.1   Überblick bisheriger Forschungsergebnisse zum Dualitätspotenzial der Rechnungslegung HGB und IFRS for SME

Der Gesetzgeber hatte das Ziel, dass das HGB für nicht-kapitalmarktorientierte Unternehmen zu einer kostengünstigen Alternative zu den International Financial Reporting Standards entwickelt wird. So kann erwähnt werden, dass es zu dem bestehenden Dualitätspotenzial der Rechnungslegung bereits bestehende Ermessensspielräume des IFRS for SMEs gibt. Hinsichtlich der Anwendungsvoraussetzungen der percentage-of-completion-Methode und durch die Vereinbarung von abrechnungsfähigen Teilleistungen darf der HGB-Abschluss nur in sehr seltenen Fällen und dann lediglich unvollständig an einen Abschluss nach IFRS for SMEs angenähert werden. Daher dürfen in einem HGB-konformen Abschluss die Informationen über nach den Regeln des IFRS for SMEs mittels der percentage-of-completion-Methode abzubildende periodenübergreifende Fertigungsaufträge nur durch zusätzliche freiwillige Anhangangaben an die Adressaten gegeben werden.

5.2   Konzept der erweiterten Ausschüttungssperre

Bei haftungsbeschränkten Unternehmen besteht die Gefahr, dass die Eigentümer von den geschäftsführenden Handlungsorganen den Informationsvorsprung der zukünftig anfallenden Cashflows zu ihren Interessen zu nutzen. Dieser Interessenkonflikt zwischen Gläubiger und Eigentümer wird erweitert durch die Tätigung von Entnahmen der Eigner, wenn die ausgeschütteten Mittel im Unternehmen rentabel investiert werden könnten. Zwar hat der Gläubigerschutz bei der bilanziellen Gewinnermittlung Vorrang, allerdings hat der Schutz der Ausschüttungsinteressen der Eigner als Sekundärzweck eine große Bedeutung. Dies wird im deutschen Aktienrecht verdeutlicht, in dem der Gesetzgeber dem Eigner Mindestausschüttungsansprüche gewährt und die Bildung von stillen Reserven sowie die Gewinnverwendungskompetenzen des Managements per Gesetz eingeschränkt. Nach deutschem Aktienrecht liegt die Entscheidungsbefugnis bei den Eignern und dem Vorstand. Aus diesem Grund sind Ausschüttungssperren vertraglich oder per Gesetz unerlässlich. Gesetzlich gibt es zwei Modelle: das deutsche bzw. europäische Modell der bilanziellen Kapitalerhaltung und das anglo-amerikanische Modell des finanziellen Solvenztests. Die Kapitalerhaltung baut auf dem vergangenheitsorientierten Vermögenskonzept auf, das heißt der Umfang der

Ausschüttungen wird beschränkt, wie das Reinvermögen das Mindestkapital nicht unterschreiben darf. Voraussetzung für eine Ausschüttung ist, dass die Gesellschaft zahlungsfähig ist, dabei lässt sich zur Ermittlung eine Cash-Flow-Rechnung heranziehen. Allerdings verliert der verankerte Gläubigerschutz an Bedeutung, insbesondere durch die Einführung der IFRS. Durch das Wahlrecht der IAS-Verordnung der EU wird den Mitgliedsstaaten eingeräumt, die IFRS für den Einzelabschluss von Kapitalgesellschaften zu verwenden. Aufgrund der vordergründigen Vermittlung von Informationen der IFRS ist dies für die Ausschüttungsbemessung als Hauptfunktion des Einzelabschlusses ungeeignet. Aus diesem Grund werden die Stimmen lauter, dass auf die Einführung des eher anglo-amerikanischen Solvenztests zurückgegriffen wird.

5.3 Konzept des erweiterten Solvenztests

Im Herbst 2001 wurde über die Reform des Gläubigerschutzsystems diskutiert und die EU-Kommission hat die „High Level Group of Company Law" vorangetrieben. Es wurde davon ausgegangen, dass das in der 2. EG-RL-Konzept zur Erhaltung des Mindestkapitals für dessen Gläubiger nicht ausreichend Schutz bietet, unflexibel und teuer ist. Aus diesem Grund soll das bestehende Konzept modernisiert werden und zu einem späteren Zeitpunkt haben die Mitgliedsstaaten die Wahl, als Alternative zu dem bestehenden europäischen Modell einen Solvenztest einzuführen. Das gegenteilige Konzept zu dem vergangenheitsorientierten Vermögenskonzept ist das zukunftsorientierte Liquiditätskonzept, das dem Solvenztest zugrunde liegt. Der Solvenztest soll zweistufig aufgebaut werden – als Bilanz- und Liquiditätstest. Dabei soll die Geschäftsführung eine Ausschüttung bestätigen und verantwortlich für die Wahrhaftigkeit der Bestätigung sein. In Großbritannien fand dies Zuspruch, in Deutschland hingegen bildete sich Widerstand, das Kapitalsystem zu reformieren. Allerdings haben das IDW und weitere Arbeitskreise vorgeschlagen, einen IFRS-Bilanztest mit einem Solvenztest zu kombinieren. Dabei sollen Unternehmen einen Einzelabschluss nach IFRS erstellen dürfen, der der Ausschüttungsbemessung zugrunde zu legen wäre. Entnahmen nach den Vorschriften des nach IFRS ermittelten Eigenkapitals sollen an eine Bedingung geknüpft werden, dass sich aus dem Solvenztest keine Anhaltspunkte für eine Gefährdung der Liquidität der Gesellschaft ergeben. Allerdings ist das Konzept des Solvenztests keine neue Erscheinung im deutschen Recht. Bestehen Zweifel an der Unternehmensfortführungsprognose bei der bilanziellen Gewinnermittlung, ist dies von der Geschäftsführung und Wirtschaftsprüfern anhand von internen Planungsdaten, wie einem Finanzplan, zu prüfen. Ist die Fortführungsprognose negativ, ist von dem Going-Concern-Prinzip abzuweichen. In diesem Fall sind Ausschüttungen verboten, denn dann würde es sich um einen existenzgefährdenden Eingriff handeln. Liegt dieser vor, hat die Gesellschaft einen Anspruch auf Rückgewähr der Entnahmen und die ausführenden Gesellschafter haften nicht mehr begrenzt mit ihrer Einlage, sondern persönlich. Aus diesem Grund ist es Gesellschaften in einer angespannten finanziellen Situation zu raten, die Zahlungsfähigkeit der Gesellschaft zu prüfen. Auf dieser Grundlage basiert auch das

MoMiG, das Geschäftsführer haftbar macht, wenn die Gesellschaft durch zu hohe Ausschüttungen zahlungsunfähig wurde[69].

Die Ausnahme ist, wenn der Geschäftsführer unter der Sorgfalt eines ordentlichen Kaufmannes handelte. Dies zeigt Parallelen zu dem Solvenztest. Fraglich ist, ob der Solvenztest als Ersatz oder Ergänzung für die Kapitalerhaltung eingesetzt wird. Die Ausschüttungsbemessung gilt als Ersatz für die Kapitalerhaltung und ist dem Solvenztest vorbehalten, der das einstufige Modell darstellt. Wird der Solvenztest als Ergänzung für die Kapitalerhaltung eingesetzt, müsste die abgeänderte Kapitalerhaltung mit einem Solvenztest kombiniert werden, das zweistufige Modell. Bei dem zweistufigen Modell, bei dem eine modifizierte Kapitalerhaltung mit dem Solvenztest kombiniert wird, würde Ausschüttungen freien Vermögens und ausreichende Liquidität voraussetzen und Gewinne dürften nicht entnommen werden, selbst wenn diese realisiert wurden, wenn es an Mittelzuflüssen fehlt und aufgrund der Entnahme Liquiditätsengpässe entstehen. Würde der bilanzielle Gewinn als Bemessungsgrundlage verwendet werden, ergibt sich ein zweistufiges System als Solvenztest. Mit der ersten Stufe wird die Untergrenze ermittelt, über welche Höhe die Eigner verfügen können – auf Basis des Jahresergebnisses. Im zweiten Schritt wird ermittelt, ob die Höhe des Betrages, der an die Eigner ausgeschüttet wird, die Zahlungsfähigkeit der Gesellschaft gefährden kann. Ist das Ergebnis des Solvenztests negativ, müssen gegebenenfalls die Mindestausschüttungsansprüche der Eigner gekürzt werden. Bei der Einführung eines Solvenztests ist es fraglich, welche Kriterien und Instrumente die Zulässigkeit von Ausschüttungen ermitteln sollten. Primär lässt sich die Zahlungsfähigkeit nennen, die Überschuldung stellt mangels eines objektivierten Hilfsmaßstabs kein geeignetes Kriterium dar. Jedoch wäre es zu empfehlen, die Überschuldung als Kriterium im Rahmen eines Bilanztests durchzuführen, da diese nach Insolvenzordnung ein Insolvenztatbestand ist. Die Zahlungsfähigkeit lässt sich anhand eines Finanzplans zugrunde legen. Problematisch dabei ist, wie lange der Planungszeitraum reichen soll, denn die Langfristigkeit und Zuverlässigkeit konkurrieren miteinander. Bei einem zu kurzen Planungszeitraum werden die nachträgliche Überprüfung und die Planung vereinfacht, allerdings die langfristigen Verbindlichkeiten vernachlässigt. Es wird dabei

---

[69] gem. § 64 Abs. 2 GmbHG

unterstellt, dass die nicht erfassten langfristigen Verbindlichkeiten nach Ausschüttung durch künftige Einzahlungsüberschüsse gedeckt sind. Bei einem zu langen Planungszeitraum werden die langfristigen Gläubiger berücksichtigt, aber das Problem der Verlässlichkeit der Planung wird vergrößert. Des Weiteren wird durch einen kurzen Planungszeitraum der Fehlanreiz der Eigner zu einer zeitlichen Verlagerung von Cashflows verstärkt. Dies kann zur Folge haben, dass dem Eigner durch geschäftspolitische Maßnahmen zukünftige Einzahlungsüberschüsse gezielt zeitlich vorverlagert werden, damit diese ausgeschüttet und den langfristigen Gläubigern entzogen werden. Um dies zu verhindern oder einzudämmen, ist es erforderlich, die zeitlich vorgelagerten Einzahlungsüberschüsse wirksamen Ausschüttungsbegrenzungen zu unterwerfen. Das Problem der Kurfristigkeit kann mit einem zusätzlichen Bilanztest gelöst werden. Geht der Solvenztest mit einem Wechsel von HGB nach IFRS einher, dann käme eine IFRS-Bilanz in Betracht, denn die langfristigen Schulden und Pensionsrückstellungen sind realistischer bewertet als nach HGB. Die Verwendung eines Solvenztests bei einem langfristigen Planungszeitraum ist nicht abwegig. Es wird empfohlen, den Planungszeitraum in zwei Phasen zu unterteilen, und zwar in einen detaillierten Planungszeitraum von zwölf Monaten und einen groben Planungszeitraum. Allerdings besteht dabei die Gefahr, dass die kurzfristigen Verbindlichkeiten gedeckt werden, jedoch nicht die Refinanzierungsmöglichkeiten in der Zukunft.

5.4 Kritische Würdigung

5.4.1 Vorteile der Nutzung des Dualitätspotenzials

Der Vorteil der Einführung eines verpflichtenden Solvenztests besteht darin, dass Gläubiger geschützt werden, dass im Falle einer Insolvenz genügend Kapital vorhanden ist, das zur Bedienung der Gläubiger dient. Dabei steht ein einheitliches Schutzkonzept mit Mindeststandards, die in allen haftungsbeschränkten Unternehmen anwendbar sind, im Vordergrund. Des Weiteren würde die Einführung eines Solvenztests einen Einzelabschluss nach IFRS bevorzugen und dadurch könnten die Schwächen der IFRS-Bilanz als Grundlage der Ausschüttungsbemessung kompensiert werden.

Die Regelungen nach IFRS bieten einen größeren Raum für Bilanzpolitik, insbesondere bei Unternehmenskrisen. Als Beispielen lassen sich aktive latente Steuern verwenden, um Verluste zu verschleiern.

5.4.2 Nachteile der Nutzung des Dualitätspotenzials

Allerdings verliert der verankerte Gläubigerschutz an Bedeutung, insbesondere durch die Einführung der IFRS. Auch ist anzunehmen, dass für viele Unternehmen die Kosten höher sind als der Nutzen der Zulassung eines Solvenztests, denn dies würde auch eine Umgestaltung des Bilanzrechts bedeuten.[70] Ein weiterer Nachteil bei der Verwendung einer IFRS-Bilanz bei Anwendung des Solvenztests wäre, dass unrealisierte Gewinne ausgeschüttet werden können, es sei denn, es liegt ein negativer Solvenztest vor.[71] Dies würde den Gläubigerschutz aushöhlen. Auch hat der Solvenztest keine Lösung bei der Findung einer geeigneten Bemessungsgrundlage und der Frage, welcher Mindestausschüttungsbetrag den Eignern zur Verfügung steht. Des Weiteren ist ein Wechsel von einem HGB-Einzelabschluss zu einem IFRS-Einzelabschluss problematisch, da teilweise Wertsteigerungen bei ruhendem Vermögen bilanziert werden, wodurch die tatsächliche Liquiditäts- und Vermögenslage nicht rechtzeitig zu erkennen ist. Aufgrund der Aushöhlung des gesetzlichen Gläubigerschutzes kann ein vertraglicher Gläubigerschutz im Rahmen von covenants bei der Begrenzung der Ausschüttung ergänzende Wirkung haben, was allerdings bei vielen Gläubigern mit viel Aufwand verbunden ist. Auch ist die gläubigerschützende Wirkung ausgehend von einem kurzen oder langem Planungszeitraums fraglich, denn dadurch sind die einzelnen Gläubiger im Konflikt und die Eigner können geschäftspolitische Maßnahmen nutzen, um Gläubigern Überschüsse zu entziehen.[72]

---

[72] *Rammert, Stefan*: Der Solvenztest – eine unausgereifte Alternative zur Kapitalerhaltung, in Ballwieser , Wolfgang / Grewe, Wolfgang (Hrsg.), Wirtschaftsprüfung im Wandel – Herausforderungen an Wirtschaftsprüfung, Steuerberatung, Consulting und Corporate Finance – S. 434-442.

6   Thesenförmige Zusammenfassung

Das Zweck- und GoB-System des Handelsrechts ist geprägt von dem Prinzip, dass die Interessen der Gläubiger geschützt werden und Vermögen und Schulden vorsichtig nach dem Vorsichtsprinzip bewertet werden soll. Der hauptsächliche Zweck ist dabei die Ermittlung des ausschüttbaren Gewinns. Dies bedeutet, dass der Jahresabschluss nach HGB erstrangig die Ausschüttungsbemessungsfunktion bezweckt bei Konflikten insbesondere zwischen Gläubigern und Eignern. Des Weiteren wird die Vermittlung von Informationen gerichtet an die Adressaten bezweckt. Auch hat der Anhang die Funktion detaillierter Informationen durch weitere Angaben zu vermitteln. Die Regierung bestätigt in der Begrünung zur Reform des BilMoG, dass die Ausschüttungsbemessungsfunktion als primäre Aufgabe der handelsrechtlichen GoB ist. Auch wurde durch die Bilanzrecht-Novelle die Rechnungslegung informationsorientierter und der Wettbewerb zu kostengünstige Fremd- oder Eigenkapitalfinanzierungen wurde erleichtern. Des Weiteren sollte im Rahmen des BilMoG gleichzeitig das Informationsniveau des handelsrechtlichen Jahresabschlusses angehoben werden. Der Zweck des HGB, der Gläubigerschutz, hat im IAS/IFRS nur eine nebensächliche Rolle. Der Zweck der Rechnungslegung nach IAS/IFRS ist die Vermittlung entscheidungsrelevanter Informationen für die Adressaten, wobei das Ziel modifizierter Standards für kleinere und mittlere Unternehmen ist, dass Informationen über die Finanz-, Vermögens- und Ertragslage bereitgehalten werden, die hilfreich bei der Entscheidungsfindung von unternehmerischen Tätigkeiten sind. Das Dualitätspotenzial des HGB bezüglich des IFRS for SMEs besteht aus Bilanzierungsregeln des HGB, durch die Sachverhalte nach HGB und IFRS for SMEs zwingend identisch abzubilden sind und aus Bilanzierungsregeln des HGB und des IFRS for SMEs, die bilanzpolitische Instrumente umfassen, durch die Sachverhalte in beiden Rechnungslegungssystemen identisch – nämlich HGB-konform – abgebildet werden dürfen. Damit das Dualitätspotenzial des HGB bestimmt werden kann, sind die Bilanzierungsregeln des HGB und des IFRS for SMEs und die ihnen jeweils immanenten bilanzpolitischen Instrumente für sämtliche Bilanzierungssachverhalte vergleichend gegenüberzustellen. Die Rechnungslegung nicht-kapitalmarktorientierter Unternehmen wurde in Deutschland durch die Verabschiedung des Bilanzrechtsmodernisierungsgesetzes im Jahr 2009 umfangreich reformiert. Der IFRS for SMEs wurde zwar ausgehend von den full IFRS entwickelt, soll aber durch vereinfachte

Bilanzierungs-, Bewertungs- und Ausweisregeln den Anforderungen an die Rechnungslegung nicht-kapitalmarktorientierter Unternehmen besser als die full IFRS entsprechen. Bei Fertigungsaufträgen dürfen nach dem HGB Umsatzerlöse erst realisiert werden, wenn das Werk vom Auftraggeber abgenommen wurde. Im IFRS for SMEs ist explizit geregelt, wie Fertigungsaufträge während der Herstellung des Werks zu bilanzieren sind. Danach müssen die Umsatzerlöse und Gewinne in Zusammenhang mit einem Fertigungsauftrag mittels der percentage-of-completion-Methode realisiert werden, vorausgesetzt, das finanzielle Ergebnis sowie der Fertigstellungsgrad können für den Fertigungsauftrag jeweils verlässlich geschätzt werden. Durch bestehende Ermessensspielräume des IFRS for SMEs hinsichtlich der Anwendungsvoraussetzungen der percentage-of-completion-Methode und durch die Vereinbarung von abrechnungsfähigen Teilleistungen darf der HGB-Abschluss nur in sehr seltenen Fällen und dann lediglich unvollständig an einen Abschluss nach IFRS for SMEs angenähert werden. Daher dürfen in einem HGB-konformen Abschluss die Informationen über nach den Regeln des IFRS for SMEs mittels der percentage-of-completion-Methode abzubildende periodenübergreifende Fertigungsaufträge nur durch zusätzliche freiwillige Anhangangaben an die Adressaten gegeben werden. Der Gesetzgeber hatte das Ziel, dass das HGB für nicht-kapitalmarktorientierte Unternehmen zu einer kostengünstigen Alternative zu den International Financial Reporting Standards entwickelt wird. Allerdings verfehlt dies den Zweck des IASB, der die internationale Vergleichbarkeit der Informationen vordergründig betrachtet und was den Adressaten bei der Entscheidungsfindung behindern kann. Durch das Wahlrecht der IAS-Verordnung der EU wird den Mitgliedsstaaten eingeräumt, die IFRS für den Einzelabschluss von Kapitalgesellschaften zu verwenden. Aufgrund der vordergründigen Vermittlung von Informationen der IFRS ist dies für die Ausschüttungsbemessung als Hauptfunktion des Einzelabschlusses ungeeignet. Der Solvenztest soll zweistufig aufgebaut werden: als Bilanz- und Liquiditätstest. Der Vorteil der Einführung eines Solvenztests ist, dass ein Einzelabschluss nach IFRS bevorzugt wird: dadurch könnten die Schwächen der IFRS-Bilanz als Grundlage der Ausschüttungsbemessung kompensiert werden. Dagegen spricht, dass der verankerte Gläubigerschutz an Bedeutung, insbesondere durch die Einführung der IFRS, verliert. Auch werden bei der Verwendung einer IFRS-Bilanz bei Anwendung des Solvenztests unrealisierte Gewinne ausgeschüttet, es sei denn, es liegt ein negativer Solvenztest vor. Aufgrund der Aushöhlung des gesetzlichen Gläubigerschutzes kann ein vertraglicher Gläubigerschutz im Rahmen von covenants bei der Begrenzung der Ausschüttung ergänzende Wirkung haben, was allerdings bei vielen Gläubigern mit viel Aufwand verbunden ist.

Literaturverzeichnis

Baetge, Jörg / Kirsch, Hans Jürgen/Thiele, Stefan: Bilanzen, 13. Aufl., Düsseldorf 2014.

Baetge, Jörg / Kirsch, Hans Jürgen/Thiele, Stefan: Bilanzen, 10. Aufl., Düsseldorf 2009.

Beschluss des BVerfG vom 12. Mai 2009 – 2 BvL 1/00

Beisse, Heinrich: Rechtsfragen der Gewinnung von GoB, in: Betriebswirtschaftliche Forschung und Praxis, 42. Jg. 1990.

Bieg, Hartmut / Kußmaul, Heinz/Waschbusch, Gerd: Externes Rechnungswesen. 6. Aufl., München 2012.

Bundestag: Entwurf eines Gesetzes zur Modernisierung des Bilanzrechts (Bilanzrechtsmodernisierungsgesetz – BilMoG) (XVI/10067) vom 30.07.2008.

Bremdt, Tobias: Möglichkeiten einer internationalisierten Rechnungslegung für deutsche nicht-kapitalmarktorientierte Unternehmen, Düsseldorf 2010.

Hoffmann, Wolf-Dieter / Lüdenbach, Norbert: IAS/IFRS-Texte, 9. Aufl.

Hommel, Michael: Rückstellungen für Abbruchverpflichtungen nach dem BilMoG, in: Seicht, G. (Hrsg.), Jahrbuch für Controlling und Rechnungswesen 2009, Wien 2009.

Kirsch, Hanno: "IFRS for SMEs" versus BilmoG, in: PiR 2010, S. 2-5. ("IFRS for SMEs" versus BilMoG).

Küting, Karlheinz / Boecker, Corinna: Anhangangaben und Offenlegungserfordernisse, in: Küting, K. / Pfitzer, N./Weber, C.-P. (Hrsg.), Das neue deutsche Bilanzrecht, 2. Aufl., Stuttgart 2009.

Krawitz, Norbert: Die bilanzielle Behandlung der langfristigen Auftragsfertigung und Reformüberlegungen unter Berücksichtigung internationaler
Entwicklungen, in: DStR 1997, S. 886-894 (Langfristige Auftragsfertigung).

Moxter, Adolf: Grundsätze ordnungsgemäßer Rechnungslegung, Düsseldorf 2003.

Moxter, Adolf: Zum Verhältnis von handelsrechtlichen Grundsätzen ordnungsmäßiger Bilanzierung und True-and-fair-view-Gebot bei Kapitalgesellschaften, in: Förschle, G. u.

a. (Hrsg.), Rechenschaftslegung im Wandel. Festschrift für Wolfgang Dieter Budde, München 1995.

Moxter, Adolf: Zur wirtschaftlichen Betrachtungsweise im in: Steuer und Wirtschaft, 66. Jg., 19. Jg., 1989.

Pellens, Bernhard: Internationale Rechnungslegung, 9. Aufl., Stuttgart 2014.

Pilhofer, Jochen: Umsatz- und Gewinnrealisierung im internationalen Vergleich - Bilanzpolitische Gestaltungsmöglichkeiten nach HGB, US-GAAP und IFRS, Herne u. a. 2002 (Umsatz- und Gewinnrealisierung).

PwC: Bilanzieren nach IFRS, IFRS for SMEs und HGB. Die wichtigsten Unterschiede im Überblick, Frankfurt am Main 2011.

Rammert, Stefan: Der Solvenztest – eine unausgereifte Alternative zur Kapitalerhaltung, in Ballwieser , Wolfgang / Grewe, Wolfgang (Hrsg.), Wirtschaftsprüfung im Wandel – Herausforderungen an Wirtschaftsprüfung, Steuerberatung, Consulting und Corporate Finance, München 2008.

RegE BilMoG (2008): Gesetz der Bundesregierung – Entwurf eines Gesetzes zur Modernisierung des Bilanzrechts (Bilanzrechtsmodernisierungsgesetz – BilMoG), Drucksache 16/10067.

Wöhe, Günther / Mock, Sebastian: Die Handels- und Steuerbilanz, 6. Auflage, München 2010.

Wüstemann, Jens / Wüstemann, Sonja: Das System der Grundsätze ordnungsmäßiger Buchführung nach dem Bilanzrechtsmodernisierungsgesetz, in: Besteuerung, Rechnungslegung und Prüfung der Unternehmen, Festschrift für Professor Dr. Norbert Krawitz, Hrsg. v. H. Baumhoff et al., Wiesbaden 2010.

Zwirner, Christian: Herausforderungen und Risiken der neuen Anhangberichterstattung nach BilMoG, in: Betriebs-Berater, 64. Jg. 2009.